# AYUDANDO A ANA

KATHY SMITH

TRADUCCIÓN AL ESPAÑOL: MARÍA CRISTINA BRUSCA



LECTURAS DEL BARRIO

Rosen Classroom Books & Materials™

New York

Ana tenía una pierna rota.

Carlos le llevó la mochila a Ana.
—Gracias, Carlos —dijo Ana.

Manuela le llevó los libros a Ana.
—Gracias, Manuela —dijo Ana.

Daniel le llevó la bandeja a Ana.
—Gracias, Daniel —dijo Ana.

Raquel le llevó la flor a Ana.
—Gracias, Raquel —dijo Ana.

—¡Gracias por ayudarme!
—dijo Ana.